LOS DESIERTOS

PLANETA VIVO

Parramón

Las palabras con un asterisco*
se explican en el glosario de las páginas 30 y 31.

Los desiertos
© Parramón Ediciones S.A.
Segunda edición: mayo 2001

Dirección editorial: Mª Fernanda Canal
Textos: Núria Roca, bióloga
Ilustraciones: Antonio Muñoz
Diseño de la colección: Beatriz Seoane
Maquetación: Josep Guasch
Dirección de producción: Rafael Marfil

Editado por Parramón Ediciones, S.A.
Gran Via de les Corts Catalanes, 322 - 324
08004 Barcelona

ISBN: 84-342-1947-6
Depósito legal: B-21.852-2001
Impreso en España

ÍNDICE

A desmano del agua

Aproximadamente la quinta parte de la Tierra está formada por regiones donde casi nunca llueve, las temperaturas son extremas y las plantas y los animales tienen dificultades para sobrevivir. Estos lugares son los **desiertos.** En realidad, se definen como regiones desérticas las que reciben menos de 250 mm de lluvia anualmente; en áreas de los desiertos del Sáhara, Namib y Atacama se han registrado incluso períodos de más de 10 años en los que no ha caído ni una gota de agua. En el desierto, la lluvia suele caer en forma de intensos aguaceros, evaporándose* rápidamente.

En estas zonas, a las escasas **precipitaciones** se unen la baja humedad ambiental, una elevada insolación* y temperaturas diarias y anuales muy variables. Los desiertos calurosos, situados alrededor de los trópicos, como el del Sáhara, resultan inaccesibles para las precipitaciones a causa del sistema de vientos terrestres, que lleva aire seco a estas regiones, manteniendo los días despejados. Esto significa que no hay nubes que resguarden el terreno, y así, de día, la temperatura puede ser tan alta que una persona sin sombra, comida, agua ni ropa no sobreviviría más de 12 horas. En cambio, de noche, se alcanzan temperaturas de bajo cero. Algunos desiertos, como los de Asia, Oriente Medio o Australia, ocupan el interior continental, por lo que, al encontrarse lejos de los océanos, los vientos que los visitan ya han soltado la lluvia que transportaban durante su largo viaje. Otras regiones que no reciben agua suficiente son las situadas a sotavento* de una cordillera, ya que el aire libera toda su humedad al cruzarla.

Los desiertos están distribuidos por los cinco continentes, aunque las mayores extensiones se encuentran en Asia, África y Australia.

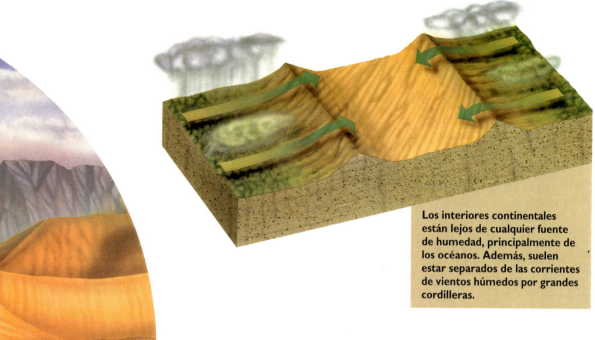

Los interiores continentales están lejos de cualquier fuente de humedad, principalmente de los océanos. Además, suelen estar separados de las corrientes de vientos húmedos por grandes cordilleras.

Cuando un viento húmedo choca con una montaña, asciende y se enfría; el agua que transporta cae en forma de lluvia. Al llegar al otro lado, está ya totalmente seco.

Aunque estamos acostumbrados a pensar en un desierto como en una gran extensión de arena, lo que realmente lo define es la falta de agua, pudiendo tratarse de desiertos de rocas u otro tipo.

Finalmente los desiertos costeros, como el del Namib y el de Atacama, deben su aridez a las corrientes marinas heladas, que enfrían los vientos, de manera que éstos apenas pueden absorber humedad. De día, la brisa marina, muy seca y fría, se calienta al entrar en contacto con el suelo, engullendo su escasa humedad y resecando la tierra.

Los desiertos costeros se deben a las corrientes de agua fría que bordean ciertas costas. Éstas reducen la evaporación marina, con lo que la humedad atmosférica es muy baja.

Escultores del desierto

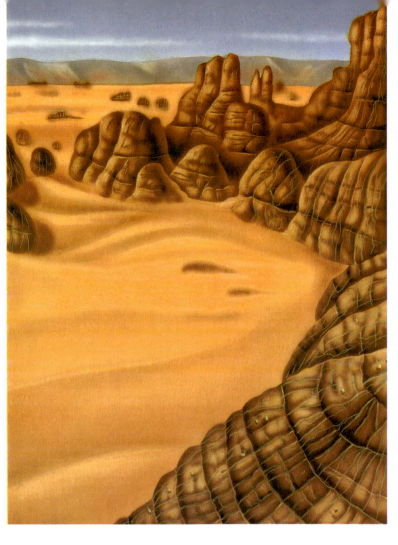

En los desiertos podemos encontrar una gran variedad de relieves, desde colinas escarpadas y cañones de paredes verticales hasta llanuras pedregosas o cubiertas de dunas.
La **erosión** producida por las lluvias torrenciales, las grandes variaciones de temperatura y los fuertes vientos dan forma al característico paisaje desértico.

Las lluvias violentas desgastan las paredes rocosas y excavan valles; sus aguas forman grandes charcas en las llanuras, dejándolas recubiertas al evaporarse de arcilla o de lagos de sal. En el caso de suelos arcillosos, éstos se resecan y fragmentan en losetas, formando **paisajes** característicos en desiertos como el Sahara. Cuando las charcas formadas son salinas éstas, al evaporarse, forman grandes depósitos salinos, como ocurre en el Valle de la Muerte, en California.

Las ocasionales lluvias torrenciales son la causa de la formación de los guadis. Al no tratarse de cursos de agua permanentes, cuando están secos dejan a la vista las huellas de la fuerte erosión que provocan.

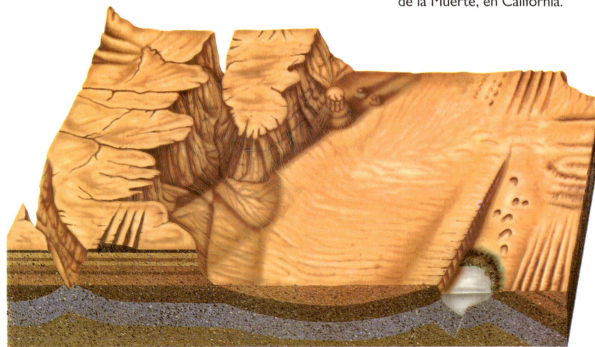

El viento, por su parte, erosiona también las rocas y, al ser capaz de elevar a gran altura el polvo y las arenas finas que transporta, puede originar temibles **tormentas de arena,** llevando grandes cantidades de estos materiales a lo largo de muchos kilómetros.

Se han localizado extensas nubes de polvo del desierto del Sáhara al este del océano Atlántico, y el polvo de algunos desiertos de Asia Central llega en ocasiones hasta el noroeste del océano Pacífico. Durante estos vendavales se producen grandes nubes de polvo, que recorren el desierto y pueden llegar a obligar al cierre de aeropuertos y carreteras. El polvo se deposita cuando desciende la velocidad del viento o cuando las partículas quedan atrapadas por la vegetación y las superficies accidentadas.

Las llanuras de grava se producen cuando el polvo fino, barrido por el viento, se asienta entre las piedras y debajo de ellas, de modo que éstas siempre quedan en la superficie.

Roca al desnudo

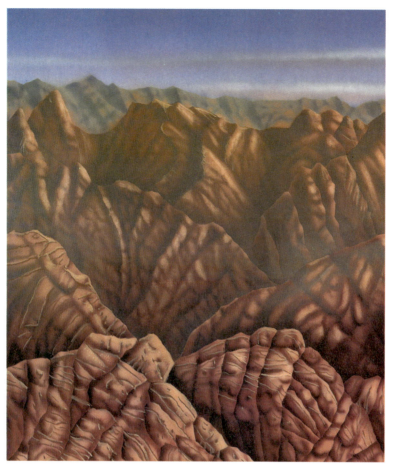

A menudo, al pensar en los desiertos, imaginamos inmensas extensiones cubiertas de dunas arenosas, pero, en realidad, los desiertos formados por **rocas y piedras** son mucho más comunes. En ellos, la erosión esculpe las rocas, y los colores son violentos y se vuelven brillantes con las pátinas y barnices*; la intensa luz y la nitidez del aire acentúan relieves y tonos. Durante millones de años, las rocas se han desgastado por los efectos del viento, la lluvia y las temperaturas extremas. De día, las rocas alcanzan temperaturas que pueden llegar a los 70°C, para luego, de noche, quedar expuestas a temperaturas bajo cero. Este brusco cambio de temperatura provoca que a veces se partan estrepitosamente.

La lluvia del desierto, cuando se da, suele ser breve pero intensa, por lo que ésta se convierte en un modelador del relieve de primer orden.

Con las lluvias torrenciales, los ríos recién formados arrastran peñascos, piedras y arena, que van erosionando y dejando la roca desnuda a lo largo de su recorrido. En ocasiones, el agua se filtra en las rocas, soltando partículas que luego son arrastradas por la arena que transporta el viento. El pequeño hueco formado se agranda por la erosión. Estas tormentas modifican la roca dándole formas espectaculares, entre las cuales destacan los **arcos** y los **puentes.** El viento, a veces, levanta partículas de arena hasta 1m de altura, lo que produce el desgaste de la parte inferior de la roca, dándole una característica forma de seta.

La arquitectura de la corteza terrestre, oculta por la vegetación en otras partes de la Tierra, se ve claramente en las regiones más áridas del mundo, como esta aguja del desierto, en Arabia Saudí.

Roca en polvo

Los desiertos de arena fueron originalmente de roca. La erosión, la causa de su transformación, ha ido desgastando las rocas y convirtiéndolas en partículas finas, las cuales, arrastradas por el viento y el agua, se han ido acumulando en determinadas zonas, formando verdaderos mares de arena que pueden presentar toda clase de colores: amarillo, negro, anaranjado, blanco, violáceo o rojo.

Las **dunas** se forman cuando un obstáculo, por ejemplo una planta, frena el viento, y éste, al perder su energía, suelta la arena que transporta; a medida que la arena se amontona, levanta una barrera cada vez mayor contra el viento, obligándolo a depositar más arena.

Las ondulaciones en la arena son debidas a los fuertes vientos que soplan en el desierto, erosionando las rocas y convirtiéndolas en polvo.

Según la dirección del viento y la arena disponible, las dunas adquieren formas distintas. Algunas son muy estables, como las **estrelladas,** mientras que otras, como los **barjanes** (imagen superior izquierda), son muy móviles, pudiendo recorrer de 10 a 30 m anualmente. También están las dunas **parabólicas** (imagen superior derecha) que tienen forma de U y suelen formarse en áreas con vegetación situadas en los márgenes de los desiertos: parte de la arena queda retenida por las plantas, lo que les da su forma tan característica.

Este avance de las dunas supone una amenaza para los oasis y los pueblos situados junto al desierto, ya que en ocasiones quedan totalmente sepultados. Las barreras artificiales ayudan contener la arena transportada por el viento.

Donde la arena es abundante y los vientos soplan siempre en la misma dirección, se originan lomas paralelas. Se llaman lineales si siguen la dirección del viento, y transversales cuando forman un ángulo recto con él.

Un amplio surtido de temperaturas

Las zonas más cálidas de la Tierra son las comprendidas entre los trópicos, ya que reciben los rayos del Sol verticalmente durante todo el año.

La mayoría de los desiertos se extienden a lo largo del trópico de Cáncer, en el hemisferio Norte, y del trópico de Capricornio, en el hemisferio Sur. Se trata de **desiertos calurosos,** como el del Sáhara (África del Norte) y el de Arabia, el más extenso y el más arenoso del mundo, respectivamente. Se caracterizan por alcanzar temperaturas muy altas durante todo el año, aunque a veces pueden sufrir heladas e incluso recibir nieve. Los **desiertos fríos** suelen encontrarse en latitudes

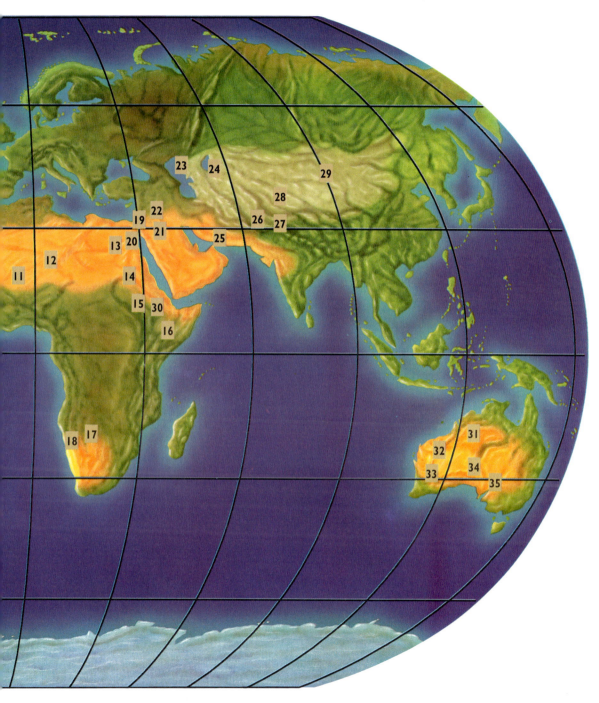

23 24 29
28
22
19 26 27
13 20 21 25
12
11 14
15 30
16

18 17

31
32
33 34
35

Según la localización y el clima, los desiertos del mundo se pueden clasificar en desiertos calientes, de inviernos fríos y desiertos costeros. Éstos últimos, como éste de Perú, se caracterizan por estar cubiertos de nubes y nieblas nocturnas.

medias, como el de Gobi, en Asia central, situado en unas mesetas elevadas expuestas al viento. Este desierto es el más frío del planeta. En este tipo de desiertos las temperaturas suelen permanecer bajo cero durante todo el invierno.

Los **desiertos costeros,** como el del Namib, en África, y el de Atacama, en América del Sur, se extienden a lo largo de las costas occidentales de los continentes, en latitudes subtropicales. En ellos las temperaturas son menos

extremas. Además, debido a la cercanía del mar, suele haber niebla y nubes. Sus temperaturas, más moderadas, y la humedad, proporcionada por la niebla, crean un ambiente más favorable para el desarrollo de plantas y animales.

Cuando llega la lluvia

En el desierto, las semillas y algunos animales pueden resistir varios años "dormidos" y ocultos bajo el suelo, pues les proporciona un ambiente fresco en el que soportar las largas épocas de **sequía.** Cuando llegan las primeras lluvias, las semillas empiezan a germinar*, las plantas perennes crecen y se reproducen rápidamente mientras el suelo tiene bastante humedad, las larvas y los huevos se abren... El desarrollo de la vida es muy rápido. Algunos animales, como el sapo de espuela, al oír las primeras lluvias en la superficie, emergen para procrear, aunque algunos individuos permanecen enterrados hasta las siguientes lluvias, por si las charcas se secan y los primeros renacuajos mueren antes de completar su ciclo vital.

Durante la sequía, las semillas de muchas plantas permanecen bajo el suelo. Cuando llueve, germinan, florecen y crean nuevas semillas, que a su vez se mantendrán bajo tierra a la espera de nuevas precipitaciones.

Para muchos animales es muy importante aprovechar estas épocas de abundancia para almacenar alimentos en sus **refugios.** Se ha observado que algunas hormigas que habitan los desiertos de México y Estados Unidos recolectan semillas suficientes para sobrevivir durante 12 años sin necesidad de salir a la superficie. Las hormigas mieleras de Australia pueden almacenar comida en su abdomen. Los individuos encargados de ello se cuelgan del techo del hormiguero y alimentan así al resto del grupo.

Los animales del desierto aprovechan cualquier fuente de alimento y de agua que encuentran. Esto es lo que hacen algunas especies de mariposas, que a partir de los excrementos de otros animales consiguen no sólo comida sino también agua.

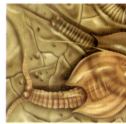

Los huevos de estos crustáceos son capaces de sobrevivir en la arena del desierto durante 10 años o más.

Los oasis y los ríos, respiros en el desierto

En algunas zonas del desierto hay agua durante todo el año y las plantas pueden crecer en abundancia. Estos lugares, llamados **oasis,** constituyen paraísos de frescor en medio del desierto. La presencia de agua se debe a fuentes subterráneas: la lluvia que cae en las montañas se filtra a través de las rocas permeables y, al encontrar una grieta, emerge al exterior. Algunas de estas fuentes tienen millones de años de antigüedad.

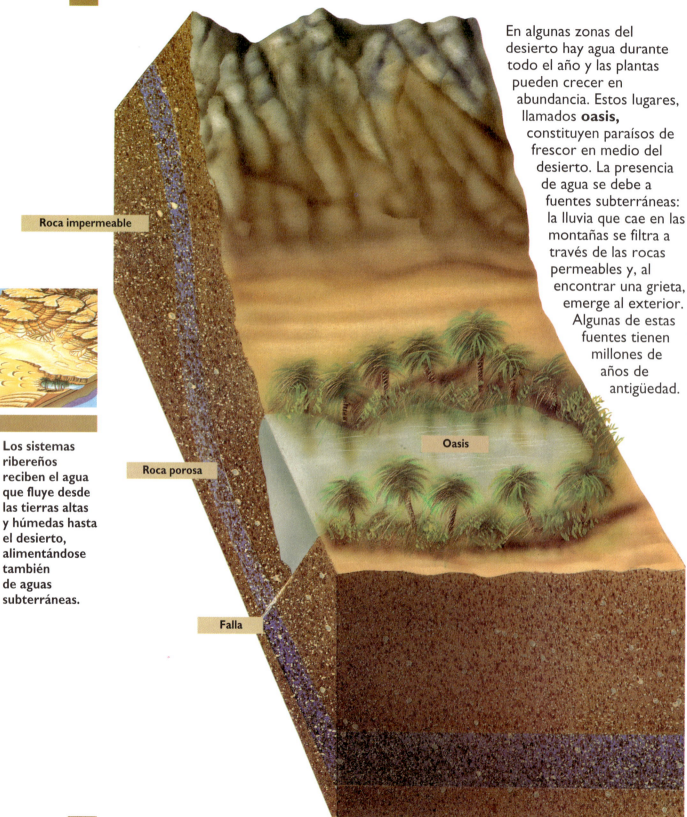

Roca impermeable

Roca porosa

Falla

Oasis

Los sistemas ribereños reciben el agua que fluye desde las tierras altas y húmedas hasta el desierto, alimentándose también de aguas subterráneas.

Los oasis son fundamentales para la supervivencia de un gran número de mamíferos y aves que habitan en los paisajes desérticos.
La presencia regular de agua permite que la gente se asiente en ellos y cultive palmeras datileras, olivos, trigo, mijo y otros cereales, por lo que son las áreas más densamente pobladas del desierto.

Otras zonas ricas en agua son las situadas junto a los ríos que cruzan el desierto, en las que el agua de lluvia de las regiones de tierras altas desciende por las laderas y reabastece el curso del agua. Estas **áreas ribereñas** pueden extenderse únicamente unos pocos metros alrededor de una torrentera, o bien ocupar cientos de metros a orillas de grandes ríos, como el Nilo, en Egipto, y el Río Grande y el Colorado, en Estados Unidos.

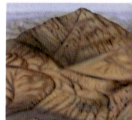

Al llover el agua se desliza desde las tierras altas a los valles y zonas bajas. Las marcas del agua quedan claramente grabadas en el relieve.

Ahorrando agua

A pesar de las duras condiciones del desierto, existe una gran variedad de plantas que han sido capaces de adaptarse a él. Algunas de ellas realizan todo su ciclo vital* en el periodo que sigue a las grandes lluvias, mientras que otras, llamadas perennes, permanecen vivas durante todo el año. Estas plantas han desarrollado una serie de **adaptaciones*** que les permiten sobrevivir sin necesidad de recibir agua regularmente. Algunas son capaces de almacenar agua en sus tallos, hojas o raíces en las pocas ocasiones en que llueve, mientras que otras poseen largas raíces que van creciendo en profundidad en busca de agua, o bien desarrollan una vasta red de raíces poco profundas para extraer cada gota de humedad que

encuentran bajo tierra. Con objeto de ahorrar agua, muchas plantas disminuyen su superficie reduciendo el tamaño de sus hojas, dejándolas caer en las épocas de sequía o careciendo incluso de ellas.

Algunas plantas grandes, como el mezquito y el tamarisco, poseen raíces largas y penetrantes que están constantemente en contacto con la humedad del suelo a profundidades cercanas a los 20 m.

De todas las plantas del desierto, los **cactus** son las más conocidas. Originarios del Norte y el Sur de América, se han introducido en otras partes del mundo. Especies de gran porte, como el saguaro, del desierto de Sonora, pueden llegar a vivir un par de siglos. Proporciona cobijo a muchos animales, que se alimentan de él y aprovechan su gran altura, puede alcanzar los 12 m, para anidar.

Otras especies, como la **welwitschia** (imagen inferior) que es un árbol enano que sólo se encuentra en el Namib, ha conseguido adaptarse gracias a una raíz muy profunda en forma de nabo, y con hojas que son capaces de absorber el rocío típico de los desiertos costeros.

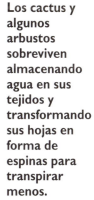

Los cactus y algunos arbustos sobreviven almacenando agua en sus tejidos y transformando sus hojas en forma de espinas para transpirar menos.

19

Máxima adaptación

Las inconfundibles huellas de una víbora del desierto parecen confundirse con las ondulaciones de la arena. Realizando ondulaciones con su cuerpo, consigue desplazarse de manera rápida y fácil.

Cuesta trabajo imaginar que cientos de animales puedan vivir en los desiertos, ya sean éstos tan calurosos como el Chihuahua (México) o tan fríos como el Karakum (Asia). El cuerpo y el comportamiento de estos animales están tan bien adaptados al medio donde viven, que son capaces de aprovechar al máximo la escasez de alimentos y la falta de agua. Para protegerse del calor, muchos permanecen de día en sus madrigueras climatizadas donde se conserva la humedad, abandonándolas únicamente al alba, al atardecer o durante la noche, cuando la temperatura es más suave. Animales diferentes pueden presentar las mismas adaptaciones; por ejemplo, tanto los zorros como los erizos del desierto poseen grandes orejas para refrescarse.

1. Iguana
2. Serpiente de cascabel
3. Rata canguro
4. Zorro
5. Lagartija de collar
6. Pececillo de colores
7. Correcaminos
8. Erizo
9. Ganga parda

Los animales que habitan en los desiertos dependen de las plantas o de otros animales para sobrevivir. Algunos de ellos no necesitan agua, ya que la obtienen de la comida, como el león, que aprovecha la humedad de la sangre de sus presas. Otros, en cambio, tienen una dieta tan seca que deben recorrer largas distancias para beber, como ocurre con la ganga parda. Entre los grandes cazadores del desierto están los gatos salvajes, los zorros y los lobos. Unos curiosos habitantes del desierto son los suricatas (imagen superior), que viven en comunidades que construyen grandes redes de túneles bajo el suelo. Mientras buscan comida, un miembro del grupo hace de vigía y, al localizar a un depredador, ladra para alertar a los demás.

Este escarabajo del desierto de Namibia recoge las gotas de rocío que se deslizan hasta su boca. Con ello consigue el agua que necesita para sobrevivir.

10. Coyote
11. Búho
12. Serpiente de cascabel
13. Víbora
14. Jerbo
15. Ardilla terrera
16. Tortuga del desierto

Humanos al límite

Muchos pueblos han sido capaces de resistir las duras condiciones de las zonas áridas, adaptándose a lo que les ofrece el entorno. Algunos, como los bosquimanos del desierto de Kalahari, en el sureste de África, o los aborígenes australianos, logran sobrevivir exclusivamente gracias a la caza y la recolección. Los **pueblos nómadas*** se trasladan por el desierto en busca de lugares que dispongan de agua y pastos para sus rebaños, como ocurre con los tuaregs, en el Sáhara, los beduinos, en Oriente Medio, y los mongoles, en el frío desierto de Gobi. Estos pueblos necesitan viviendas portátiles que sean fáciles de montar y transportar, para llevarlas consigo cuando se desplazan. Los **pueblos sedentarios***, en cambio, han optado por instalarse cerca de puntos de agua permanente: los oasis. Sus viviendas pueden ser muy distintas según las regiones: casas de tierra seca, cabañas de madera, cuevas...

Los bosquimanos y otros pueblos africanos llevan siglos viviendo en el desierto. La dureza de las condiciones climáticas no ha impedido que éstos hombres desarrollasen aquí su vida.

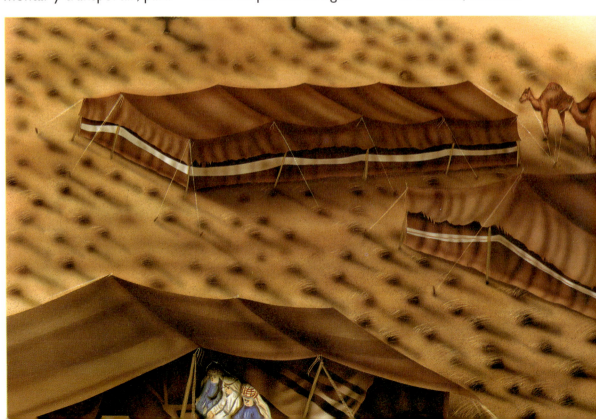

Tanto las viviendas portátiles como las permanentes requieren un buen aislamiento que proteja del frío y el calor extremos, además de resguardar de las lluvias, que en el desierto suelen ser torrenciales. Por ejemplo, las tiendas de los pueblos beduinos de Oriente Medio están tejidas con largas tiras de pelo de cabra. Al llover, las fibras absorben el agua y se engrosan, impermeabilizando así las tiendas.

Algunos pueblos, como los dogón de Mali (África), prefieren construir sus poblados con **adobe**, que es una mezcla de barro y paja secada al sol, creando así asentamientos permanentes.

Los nómadas del desierto de Gobi viven en unas tiendas redondas hechas con lana de oveja que reciben el nombre de yurtas. Estas viviendas tan sencillas pueden resistir vientos de más de 145 km por hora.

El avance del desierto

Una de las desertizaciones más famosas es la que tuvo lugar en 1936 en Oklahoma, Estados Unidos. El exceso de cultivo y de pastoreo provocó que una inmensa área quedase convertida en un desierto.

Los límites de los desiertos no han sido siempre iguales. El clima ha ido cambiando a lo largo de la historia de la Tierra, por lo que zonas actualmente ocupadas por desiertos, antaño estuvieron cubiertas de vegetación. En el desierto de Arabia se han encontrado restos fósiles* de hipopótamo que demuestran que hace seis millones de años el clima de esta zona era húmedo y la vegetación exuberante. Lo mismo puede decirse del Sáhara, región donde también habitaba el citado animal. Además, las **pinturas rupestres** presentes en algunas rocas antiguas de los desiertos de África y Asia parecen indicar que en otro tiempo estas tierras fueron más fértiles.

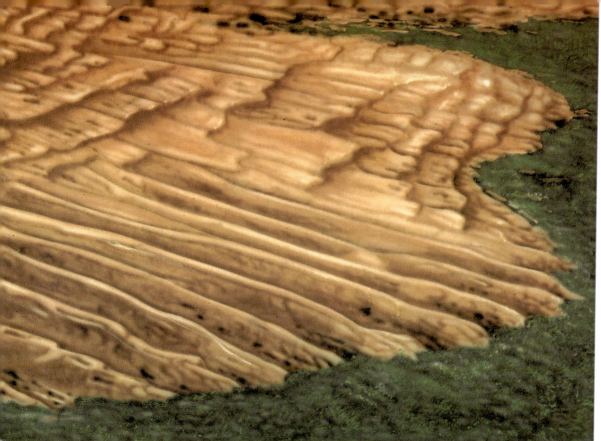

En los últimos años, la sequía general ha hecho que los desiertos crezcan de una manera alarmante. A las causas naturales de la desertización* se une hoy en día el mal uso de la tierra. La tala continua de árboles y el pastoreo intensivo merman la vegetación, dejando expuesta la tierra al constante sol, al viento y a las lluvias violentas. De esta forma, la capa superficial del suelo se va secando, hasta que es arrastrada por el agua y el viento, con lo que la tierra termina volviéndose estéril. A menudo sólo queda la roca desnuda, de modo que la desertización resulta irreversible.

Actualmente el desierto conquista cada año unos 200.000 km^2 de terreno, superficie equivalente a dos veces la de Islandia.

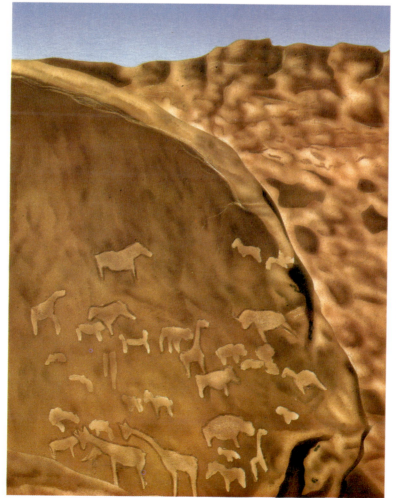

Ante el constante avance del desierto, muchos pueblos nómadas, que viven del pastoreo, se ven obligados a desplazarse cada vez más y más lejos en busca de la tan necesaria agua para sus ganados y sus familias.

El sol y el viento como aliados

A primera vista, los desiertos parecen ofrecer muy pocos recursos para satisfacer la demanda de energía destinada a la cocina y el alumbrado de sus habitantes. Sin embargo, en algunos desiertos, enterrada bajo la superficie, existe una gran cantidad de petróleo y de gas natural. De todas formas, al ser estos recursos limitados, se están intentando aprovechar cada vez más las fuentes de **energía renovable** dominantes en el desierto: el sol y el viento. Las energías solar y eólica* sirven tanto para calentar agua como para generar electricidad o desalinizar* el agua, aunque, debido al elevado coste de las instalaciones que las transforman, todavía hay pocos lugares que disfruten de ellas. Mientras tanto, la

mayoría de las gentes del desierto siguen basando su supervivencia en la agricultura y la ganadería, actividades ambas, sin embargo, que para poder continuar en el futuro, deben ser respetuosas con el medio para no provocar su desertización, lo cual sería fatal tanto para el

ecosistema* del desierto como para los pueblos que habitan en él. A menudo, el exceso de ganado ha provocado la desaparición de la vegetación, con lo que los animales han perecido de hambre, el suelo se ha vuelto desértico y las aldeas han tenido que ser abandonadas.

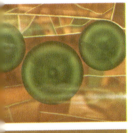

Estos cultivos circulares, que desde el cielo se perciben como manchas redondas y verdes, aprovechan el agua del subsuelo del desierto. Ésta es una manera de hacer de dichas zonas, tierras fértiles, aunque debe cuidarse de que los acuíferos no se agoten.

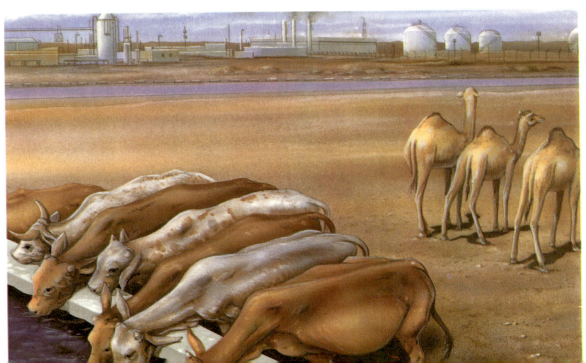

Hoy en día existe una nueva fuente de ingresos para los pueblos del desierto: **el ecoturismo.** En muchas regiones los turistas pueden viajar montados en caballos o camellos, realizar un safari fotográfico o contemplar los abundantes restos prehistóricos que esconde el desierto.

Otra actividad que tiene en el desierto su marco ideal son los trayectos en globo, gracias a la excelente visibilidad reinante. Con todo, cuando se realizan todas estas actividades, es muy importante no perder de vista la fragilidad del entorno: coger plantas, animales, o restos fósiles, o simplemente viajar con un todoterreno fuera del camino marcado, puede tener consecuencias desastrosas e irremediables para el delicado ecosistema del desierto.

Para mantener algunos cultivos se utilizan enormes cantidades de agua, por lo que existe el peligro de que los acuíferos acaben agotándose. Hay que pensar para el futuro en sistemas de riego más económicos en agua y de mayor efectividad.

Construye y comprueba

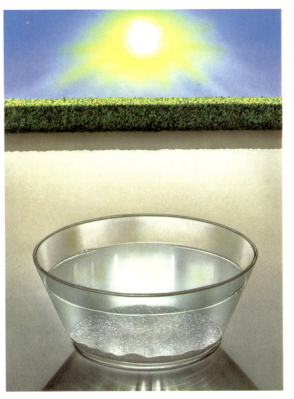

Sal al sol

En el desierto se encuentran grandes extensiones de sal, que en algunos casos son explotadas comercialmente: son los lagos salados. Estos lagos deben su origen a la evaporación del agua de lluvia, que se acumula en algunas depresiones del terreno. El agua, cargada con la sal que ha ido disolviendo de las rocas de las montañas, se evapora rápidamente debido a la fuerte insolación, dejando una capa de sal que se va engrosando a lo largo del tiempo.

Para comprobar cómo ocurre este fenómeno, únicamente necesitas un recipiente, agua y sal. Disuelve 10 cucharadas de sal en un litro de agua, coloca la mezcla en un recipiente y déjala en un lugar donde le dé el sol, hasta conseguir que se evapore toda el agua. Si repites varias veces este procedimiento, podrás comprobar cómo crece la capa salina del fondo del recipiente.

Destrozapiedras

En los desiertos de gran altitud, donde las temperaturas invernales pueden descender por debajo del punto de congelación, se genera un proceso erosivo muy importante relacionado con la temperatura. En estas condiciones, la lluvia o nieve que se congela en las grietas de las piedras puede expandirse y romperlas. Puedes simular este tipo de erosión utilizando un bloque de arcilla húmeda. Con un cuchillo, practica en el bloque unos cuantos cortes a modo de grietas, y luego llénalos de agua. A continuación, mete la arcilla en el congelador. Transcurridas unas horas, saca el bloque del frigorífico y ponlo a secar al sol. Humedeciendo la arcilla, congelándola y dejándola secar alternativamente, podrás comprobar cómo el bloque inicial se rompe en pedazos.

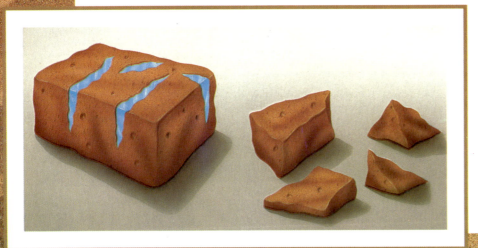

Lagos inexistentes

Si alguna vez viajas por un desierto cálido, debes estar atento a todo aquello que veas, ya que tal vez el inmenso lago que se observa en la lejanía tan sólo sea un **espejismo.** Este fenómeno tan común se debe a la diferencia de temperatura entre las capas de aire. Esto provoca que de un mismo objeto se reciban dos imágenes: una que corresponde al objeto real, y otra, invertida respecto a la primera, que parece reflejada por una acumulación de agua

y que induce, a los viajeros poco experimentados con los espejismos, a imaginar la existencia de un lago o charco de agua a los pies del objeto.

Buscando el norte

Aunque los pueblos nómadas del desierto no la utilicen, **la brújula** puede serte de gran ayuda si alguna vez decides ¡cruzar el desierto!
Para construirte una brújula casera necesitas un imán, una aguja, un corcho y un vaso de agua. Frota la aguja sobre el imán, y una vez imantada pégala al corcho. Si ahora dejas el corcho flotando en el vaso de agua, la aguja girará hasta señalar el Norte.

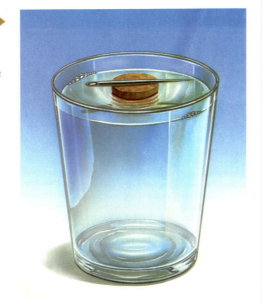

GLOSARIO

Adaptaciones.
Conjunto de cambios que experimentan los seres vivos para acomodarse a las condiciones del medio donde viven. Los peces, por ejemplo, presentan adaptaciones a la vida acuática; los topos, a la subterránea; etc.

Ciclo vital.
Serie de fases por las que pasa un organismo desde que nace hasta que crea descendientes.

Desalinizar.
En muchos desiertos el agua disponible tiene un alto contenido en sal, por lo que no es aprovechable para la agricultura y la ganadería ni tampoco para el consumo humano. Mediante la energía solar, este agua se calienta y se deja evaporar bajo una cobertura de vidrio.

Las gotas de agua pura se condensan en la parte interior de ésta, pudiéndose recoger en canales diseñados especialmente para ello.

Desertización.
Proceso por el que una región semiárida o húmeda se convierte en árida. Puede producirse naturalmente debido a cambios climáticos, o por la destrucción de la vegetación a cargo de los humanos, al explotar éstos en exceso los recursos naturales.

Ecosistema.
Unidad formada por todos los organismos que viven en una zona determinada y el medio físico que los acoge (tipo de suelo, temperatura, pluviosidad, etc.).

Energía eólica.
Energía del viento. Se puede utilizar como energía mecánica -para bombear agua o moler grano- o para generar electricidad.

Evaporación.
Transformación de un líquido en vapor por efecto de la temperatura y la sequedad del ambiente.

Fósiles.
Restos de animales y plantas muertos en épocas remotas, cuyas moléculas orgánicas han sido reemplazadas por moléculas minerales mediante procesos químicos y geológicos, por

lo que se han petrificado. Los fósiles nos proporcionan pistas sobre cómo era la Tierra en tiempos pasados.

Germinación.
Proceso por el que las semillas inician la formación de nuevas plantas. Para ello necesitan estar un tiempo en contacto con el agua.

Insolación.
Número de horas en que una zona concreta se

30

encuentra expuesta a la luz solar durante un período de tiempo determinado.

Nómadas.
Se dice de los humanos que viajan constantemente de un lugar a otro, sin establecerse en un sitio fijo, así como de sus costumbres y forma de vida.

Pátinas y barnices.
Capas ligeramente relucientes que a menudo recubren las rocas. Se forman cuando el viento deposita polvo fino en las superficies recubiertas de rocío, uniéndose ambos por la acción de unos organismos microscópicos.

Sedentarios.
Se dice de los humanos que están establecidos en un lugar y viven siempre en él. En los desiertos, los pueblos sedentarios están asentados junto a puntos de agua permanente.

Sotavento.
Ladera de una montaña opuesta a la que recibe el viento.